Disney

Alad

Ediciones Gaviota

Yafar, el malvado visir del sultán de Agrabah, deseaba la lámpara maravillosa enterrada en la Cueva de las Maravillas. Pero entrar era muy peligroso. Yafar engañó con promesas a un hombrecillo para que entrara, pero…, la boca del Tigre de arena que guardaba la cueva se cerró y el hombrecillo desapareció sin dejar rastro.

—Sólo entrará aquel cuya nobleza esté en su interior…, un diamante en bruto —dijo el Tigre.

—Bueno… —dijo Yafar—, está claro que debo encontrar ese diamante en bruto.

La noche había caído sobre Agrabah y, desde su humilde refugio en la azotea de una casa abandonada, Aladdín, un joven con el corazón de oro, se preguntaba cómo sería la vida en el palacio del sultán. Era tan hermoso…, seguro que a sus habitantes no les preocupaba qué iban a comer al día siguiente…, seguro que nada les preocupaba…, vivir allí debía ser una delicia.

Pero no todos opinaban como Aladdín. Jazmín, la hija del sultán, deseaba escapar. Su padre quería casarla con un príncipe al que no amaba. Se escapó y pronto se metió en un lío. Aladdín quiso ayudarla y fue apresado.

Mientras, Yafar había averiguado que el diamante en bruto era Aladdín. Disfrazado de anciano, ayudó a Aladdín a escapar de la cárcel y le llevó a la Cueva de las Maravillas.

—Tráeme la lámpara. Yo soy demasiado viejo —dijo a Aladdín ante las fauces abiertas del Tigre.

Aladdín y su mono Abú entraron en la cueva. El Tigre de arena les avisó de que no podían tocar el tesoro. Avanzaron en la cueva y encontraron la lámpara.

—¿Por qué será tan especial este cacharro? —dijo Aladdín.

Pero Abú tocó un objeto sin querer. Entonces, el Tigre rugió, la cueva empezó a desmoronarse, se cerró la entrada y Aladdín y Abú quedaron dentro.

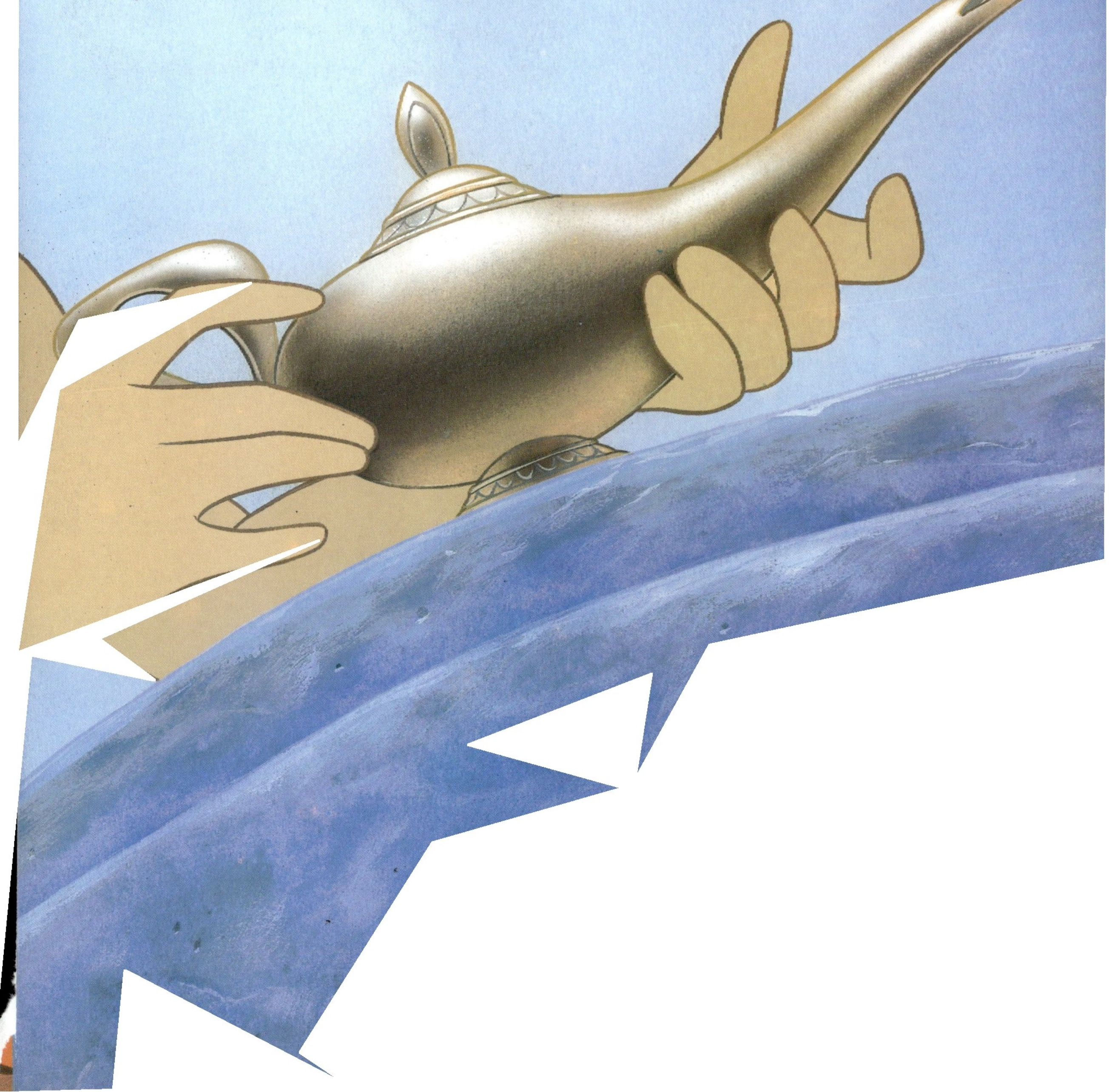

¡Encerrados!
¿Qué podían hacer? ¿Cómo saldrían de allí?
Aladdín seguía preguntándose para qué servía aquella lámpara. La frotó para limpiarla y..., de pronto, salió de ella un enorme genio azul.
El genio le explicó que, por haberle sacado de la lámpara, tenía derecho a pedir tres deseos. Tres de sus sueños se verían cumplidos.
Y, una vez hechas las presentaciones, el genio les sacó de la cueva.

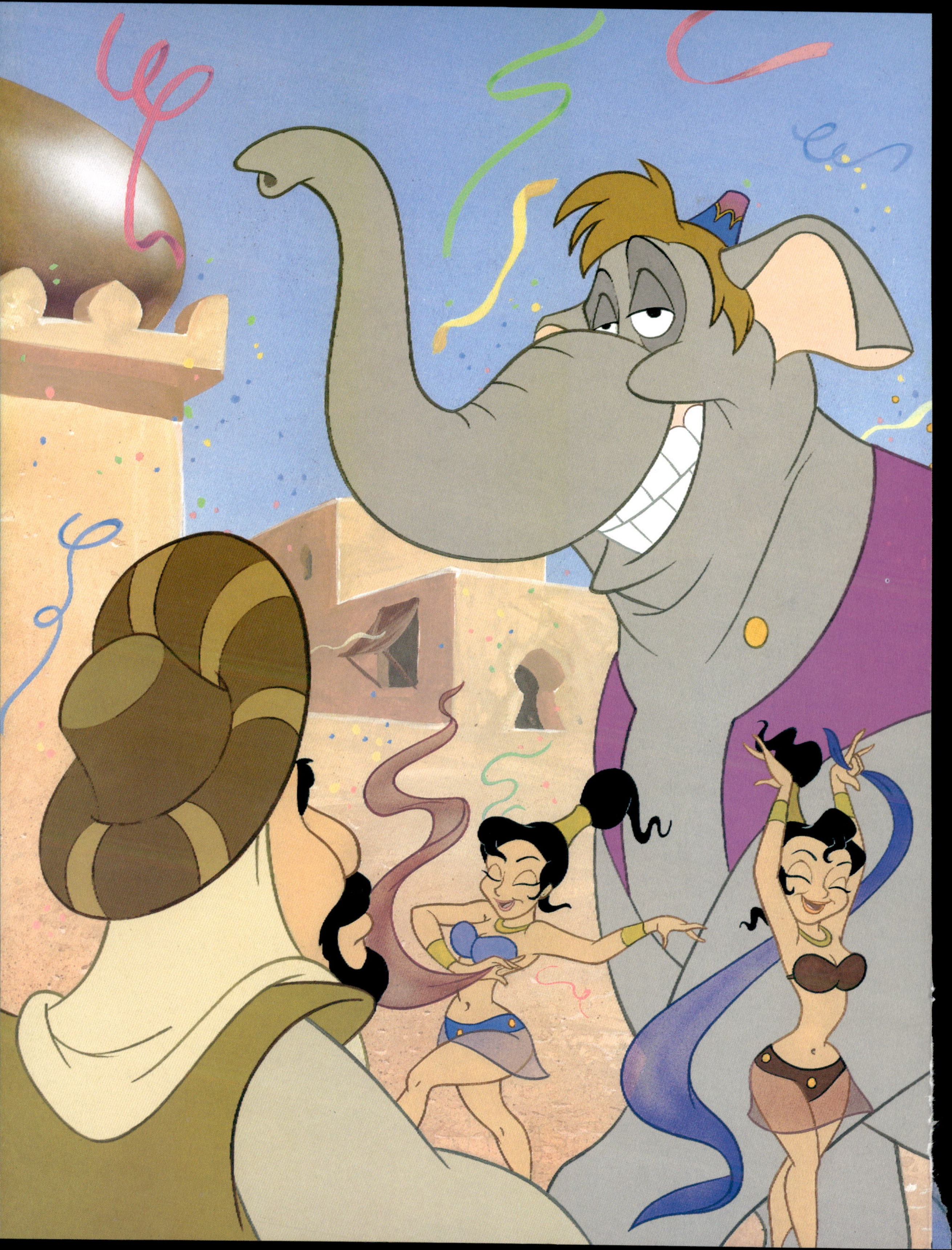

Mientras, Yafar había ideado un plan para apoderarse de la lámpara mágica.
Ahora que estaba en su poder, acabaría con el gobierno del sultán y se convertiría en el hombre más poderoso de Agrabah. Todo el reino sería suyo.
El genio no pudo ocultar su sorpresa al ver que la lámpara había cambiado de dueño. El nuevo amo no parecía tener muy buenas intenciones.

Lo primero que pidió Yafar fue convertirse en sultán.
Luego transformó al auténtico sultán en una marioneta y obligó a Jazmín a ser su sirvienta.
Al joven Aladdín le mandó lejos, muy lejos, a un lugar de donde no pudiera volver jamás.

Pero librarse de Aladdín no era tan sencillo. El joven regresó volando sobre la alfombra mágica dispuesto a enfrentarse a Yafar.
Mediante la astucia, le convenció para que deseara convertirse en genio y, cuando el malvado hechicero tomó la forma de genio, le arrastró al interior de la lámpara. ¡Adiós, Yafar!

Como último deseo, Aladdín pidió la libertad del genio. Emocionado, se despidió de Abú, de la alfombra mágica y de la pareja de enamorados, y abandonó Agrabah, dispuesto a tomarse unas merecidas vacaciones.

1998 EDICIONES GAVIOTA, S. L.
Manuel Tovar, 8
28034 MADRID (España)

ISBN: 84-392-0108-7
Depósito legal: LE. 1.370-1998
Printed in Spain - Impreso en España
Editorial Evergráficas, S. L.

PREGUNTAS

1. ¿Cómo se llama el protagonista de esta historia?
2. ¿Quién es el mejor amigo de Aladdín?
3. ¿Por qué discutía la princesa Jazmín con su padre?
4. ¿Qué es lo que pretendía el visir Yafar?
5. ¿Cómo consiguió Yafar engañar a Aladdín?
6. ¿Cómo consiguió Aladdín conocer al Genio?
7. ¿Cuál fue el primer deseo que Aladdín le pidió al Genio?
8. ¿Y el segundo deseo, lo recuerdas?
9. ¿Y el tercero?
10. ¿Qué le pedirías tú al Genio si éste pudiera concederte tres deseos?

1. Une los puntos del 1 al 119 y aparecerá un dibujo.
2. Ayuda a Abú a averiguar cuántas manzanas hay dibujadas en el papiro.
3. ¿Sabes cuántos jarrones hay repartidos por la lámina?
4. Yafar está hecho un lío. No sabe cuál de los pedazos que le muestra el mercader completa el verdadero escarabajo. ¿Lo sabes tú?

3
2
1

5. ¿Cuál de las tres lámparas es la que le corresponde al Genio?
6. Dibuja el interior de la alfombra de un solo trazo, sin levantar el lápiz y sin pasar dos veces por el mismo sitio.
7. La manta del elefante lleva un dibujo escondido. Rellena de negro las zonas punteadas y sabrás qué es.
8. El dibujante ha cometido seis errores absurdos. Descúbrelos.

9. Colorea este dibujo.

10. Localiza en la sopa de letras las siguientes palabras:
ALADDÍN, ALFOMBRA, COBRA, DESEOS, DESIERTO, ELEFANTE, ESCARABAJO, FAKIR, GENIO, HIPNOTIZADO, YAFAR, JAZMÍN, LÁMPARA, MAGIA, MANZANA, MAZMORRA, MERCADER, MONO, PALACIO, RAJÁ, SULTÁN, TESORO, TURBANTE Y ZOCO.

11. Entre los objetos del tesoro hay uno que desentona. ¿Cuál es?

RESPUESTAS

1. Aladdín.
2. El monito Abú.
3. Porque ella no quería casarse con Yafar. Jazmín sólo se casaría por amor.
4. Convertirse en sultán y ser un hombre muy poderoso.
5. Disfrazándose de viejo mendigo y prometiéndole grandes riquezas.
6. Al frotar la lámpara para sacarle brillo, el Genio apareció envuelto en una nube de humo.
7. Salir de la cueva convertido en un hombre rico.
8. Que Yafar, convertido en genio, quedara encerrado para siempre dentro de la lámpara.
9. Que el buen Genio azul fuera libre.
10. Pidas lo que pidas, nos encantará que tus deseos se cumplan.

SOLUCIONES A LOS JUEGOS

2. Hay 22 manzanas.
3. Hay 9 jarrones.
4. Es el escarabajo número 3.
5. La lámpara número 2.
7. El dibujo escondido es lago.
8. Los errores son: cremallera en la piedra, tapón en la arena, parches en la palmera, grifo en el tronco de la palmera, tronco atado con una cuerda y tejado en la piedra.
10.

E	G	A	L	F	O	M	B	R	A	G	I	S	E	M	O	M	T
M	I	H	D	E	T	D	E	S	E	O	S	S	U	P	E	E	U
O	T	E	S	O	R	O	P	N	F	D	C	F	G	L	N	R	R
N	A	K	F	R	E	N	I	M	Z	A	J	D	E	S	T	C	B
P	A	L	A	C	I	O	F	E	R	R	A	F	A	Y	K	A	A
I	M	J	A	N	S	M	L	A	M	P	A	R	A	M	S	D	N
S	A	K	O	D	E	G	B	G	O	N	B	F	N	K	V	E	T
H	G	S	C	O	D	A	Z	I	T	O	N	P	I	H	I	R	E
N	I	U	O	P	J	I	M	E	C	M	A	Z	M	O	R	R	A
V	A	Z	Z	O	M	A	N	Z	A	N	A	P	O	T	V	G	K

11. El guante de béisbol.